★

Les Frères
des
Écoles Chrétiennes

PAR

MAURICE BARRÈS

DE L'ACADÉMIE FRANÇAISE

VICE-PRÉSIDENT DE LA COMMISSION DES AFFAIRES ÉTRANGÈRES

PARIS

LIBRAIRIE PLON

PLON-NOURRIT ET Cⁱᵉ, IMPRIMEURS-ÉDITEURS

8, RUE GARANCIÈRE - 6ᵉ

—

Tous droits réservés

FAUT-IL AUTORISER LES CONGRÉGATIONS ?

★

Les Frères
des Écoles Chrétiennes

Faut-il autoriser les Congrégations ?

★

Les Frères
des
Écoles Chrétiennes

PAR

MAURICE BARRÈS

DE L'ACADÉMIE FRANÇAISE
VICE-PRÉSIDENT DE LA COMMISSION DES AFFAIRES ÉTRANGÈRES

PARIS

LIBRAIRIE PLON

PLON-NOURRIT ET Cⁱᵉ, IMPRIMEURS-ÉDITEURS

8, RUE GARANCIÈRE - 6ᵉ

—

Tous droits réservés

LES FRÈRES
DES ÉCOLES CHRÉTIENNES

Rapport (1) *fait au nom de la Commission des Affaires étrangères de la Chambre des Députés, chargée d'examiner le projet de loi tendant à autoriser la congrégation dite* « Institut missionnaire des Frères des Écoles chrétiennes »

Par MAURICE BARRÈS
de l'Académie française
Vice-président de la Commission des Affaires étrangères

Messieurs,

Le gouvernement, s'appuyant sur l'article 13 de la loi du 1er juillet 1901, vient de déposer sur le bureau de la Chambre plusieurs projets de loi tendant à accueillir les demandes en autorisation formées par diverses congrégations missionnaires et à déterminer les conditions de leur fonctionnement en France.

---

(1) Ce rapport a été publié dans les documents législatifs sous le n° 5885 en annexe au procès-verbal de la deuxième séance du 27 mars 1923.

5

Ces divers projets feront, chacun, l'objet d'un rapport distinct. Chacun d'eux, en effet, éveille des curiosités et soulève des questions auxquelles il faudra répondre. Cependant on trouvera ici des réflexions qui s'appliquent aux Missionnaires du Levant, aux Missionnaires africains de Lyon, aux Franciscains et aux Pères blancs, aussi bien qu'aux Frères des écoles chrétiennes, et qui dominent tout le problème des autorisations. Aussi votre rapporteur a-t-il été amené à donner à ce premier rapport beaucoup plus d'étendue que n'en auront les suivants.

Les congrégations qui enseignent la langue française à l'étranger, et au premier rang les Frères des écoles chrétiennes, représentent pour notre pays la plus puissante force d'expansion spirituelle et parfois de développement économique. Il est impossible de le nier. De là, la tactique adoptée par les adversaires de ces divers projets d'autorisation. Ils n'essayeront pas, semble-t-il, de contester des services dont l'éclat et l'abondance s'imposent aux plus aveugles, et que tous les hommes politiques ont proclamés. Ils veulent se retrancher dans une question de procédure. Ce qu'ils combattent, c'est la voie suivie par le gouvernement. Nous vous reprochons, lui disent-ils, de nous apporter une loi, quand un décret eût suffi.

Cette tactique des adversaires va commander la marche de notre exposé. Nous suivrons ce qui fut d'instinct la démarche de votre Commission, quand elle fut appelée à délibérer sur le projet du gouvernement. Son premier soin, sitôt saisie du projet concernant les Frères des écoles chrétiennes, a été de s'assurer qu'il se plaçait dans le cadre des lois existantes sans y rien contredire.

Après un examen attentif, nous avons constaté que les lois du 1er juillet 1901 et du 7 juillet 1904, bien loin d'être contraires au projet gouvernemental, l'attendaient et l'avaient prévu ; et c'est alors seulement, cette première difficulté étant écartée, que nous avons recherché si le projet en lui-même et l'autorisation de

l'Institut missionnaire des Frères importaient au service
de l'État.

Tel fut le plan de notre examen. Tel sera le plan de
notre rapport.

Nous voulons montrer d'abord que le projet du gouvernement est conforme à la législation actuelle, et que c'est
bien à tort qu'on a essayé de soulever, comme une sorte
de question préalable, cette difficulté d'ordre juridique.
Et une fois le terrain déblayé de cette objection, nous pré-
tendons établir que l'existence des Frères importe au bien
de l'État, qu'ils vont périr si nous n'intervenons pas, et
que les nations rivales ou ennemies s'apprêtent avec
enthousiasme à se partager leurs dépouilles.

|I

LE PROJET DE LOI SE PLACE DANS LE CADRE DES LOIS ACTUELLES SANS Y RIEN CONTREDIRE

Le projet qui nous est soumis, loin de déroger aux dispositions de la législation existante, en est l'exacte application. Quelle est, en effet, la base de ce projet? C'est
l'article 13 de la loi du 1er juillet 1901.

« ART. 13. — Aucune congrégation religieuse ne peut se
former sans une autorisation donnée par une loi qui
déterminera les conditions de son fonctionnement.

« Elle ne pourra fonder aucun nouvel établissement
qu'en vertu d'un décret rendu en Conseil d'État.

« La dissolution de la congrégation ou la fermeture de
tout établissement pourront être prononcées par décret
rendu en Conseil des ministres. »

Jusqu'à cette heure, cet article n'a jamais reçu son
application. Des projets de loi qui en réclamaient le bénéfice furent bien présentés au Parlement en 1902, mais
les uns furent repoussés, et les autres ne vinrent jamais

en discussion. C'est ainsi que, suivant les paroles de son auteur, Waldeck-Rousseau, ce qui devait être loi de contrôle fut tourné en loi d'exclusion.

Par suite de quelles circonstances? Il est inutile de le rappeler aujourd'hui. Bornons-nous à reconstruire, dans le cadre des lois en vigueur, et dans l'atmosphère d'apaisement et de concorde créée par la guerre.

L'esprit dans lequel avait été proposé et voté l'article 13 de la loi de 1901 peut avoir été méconnu aux premiers moments, mais il reste applicable, et il vous appartient, messieurs, de décider que l'intérêt national bien compris réclame son application.

Actuellement, hormis les congrégations enseignantes, dont la loi du 7 juillet 1904 a ordonné la suppression, toute espèce de congrégation missionnaire ou contemplative, hospitalière ou prédicante, peut demander l'autorisation et, s'il plaît au Parlement, l'obtenir en vertu de l'article 13 de la loi du 1er juillet 1901.

Il était dans les intentions du législateur de 1901 de se montrer libéral dans la matière. Je m'en réfère à un témoignage qui n'est pas suspect, celui de Waldeck-Rousseau, qui, dans son grave et beau discours testamentaire du 27 juin 1903 au Sénat, disait : « Nous sommes une vieille nation, nous avons une longue histoire, nous tenons au passé par les plus profondes racines, et celles-là mêmes qu'on peut croire desséchées conservent encore une sensibilité que la moindre blessure réveille et qui se communique à l'organisme tout entier... Aussi ne s'exposerait-on pas, sans un véritable péril, après avoir fait rentrer la société religieuse dans ses frontières, à paraître vouloir l'y poursuivre. »

Mais si persuasifs que puissent être les conseils de cet homme d'État, à l'heure où il gravissait pour la dernière fois les marches de la tribune afin de justifier sa politique et de léguer à ses collègues son expérience, le gouvernement actuel est loin de les suivre. Il ne vous propose que de réaliser un dessein dont M. Combes lui-même admettait le principe. Le fait est de la plus grande importance à constater. M. Combes a soutenu devant la Chambre (à la première séance du 23 mars 1904) que les Frères des écoles chrétiennes, en perdant l'autorisation qui leur avait été accordée au titre enseignant, pouvaient se faire missionnaires et créer « une congrégation nouvelle qui aurait dû, d'après la loi du 1er juillet 1901, *qui régit cette matière*, déposer elle-même une demande d'autorisation entre les mains du gouvernement, qui l'aurait instruite et l'aurait rapportée ». Ainsi, M. Combes s'engageait à rapporter une demande d'autorisation des Frères, s'ils la déposaient. Et il ajouta : « Il est tellement vrai que tel est le sens des prescriptions légales, telles qu'elles découlent et de la loi du 1er juilllet 1901 et du texte que vous avez voté dans les deux premiers articles [de la loi de 1904], que l'année dernière, lorsqu'il s'est agi des congrégations enseignantes d'hommes et de femmes auxquelles vous avez refusé l'autorisation, j'ai dû, en réponse à une demande qui m'était adressée par quelques membres de cette Assemblée touchant les établissements d'enseignement ou les établissements hospitaliers qu'avaient ces mêmes congrégations à l'étranger, faire la réponse que j'avais déjà indiquée, par une sorte de prévision, dans l'exposé des motifs : cette réponse consistait à dire : « Si « ces congrégations, une fois supprimées par le refus « d'autorisation, déposent en nos mains une demande « nouvelle, limitée à ce point de vue spécial, nous l'ins- « truirons avec l'esprit d'équité que réclame semblable « sujet et nous vous l'apporterons. »

Voilà les textes les plus clairs du monde. M. Combes admettait que l'article 13 était toujours applicable ; M. Combes admettait que les Frères des écoles chrétiennes en particulier pouvaient en réclamer le bénéfice pour un institut missionnaire ; M. Combes était prêt à présenter lui-même un projet de ce genre.

C'est ce que fait aujourd'hui le gouvernement. Le gouvernement, en accord parfait sur ce point avec la pensée de M. Combes, vous demande que nous autorisions une congrégation de missionnaires français à rétablir en France les bases de ses missions.

Les bases de ses missions ! C'est-à-dire des maisons de formation pour ses recrues, des hôpitaux et des maisons de retraite pour ses malades et ses vieillards, des procures dans les ports d'embarquement pour son personnel et son matériel. Rien de plus ! Que personne ne s'y trompe : dans les statuts que l'on trouvera annexés au projet de loi, il est question d'écoles primaires, élémentaires et supérieures, d'écoles professionnelles et techniques, d'instituts agricoles et commerciaux, d'écoles normales, d'établissements d'enseignement secondaire moderne, de maisons de famille et de cercles pour la jeunesse, mais aucun de ces établissements ne peut avoir son siège en France. Ils seront tous à l'étranger, dans les colonies, dans les pays de protectorat et de mandat. L'institut missionnaire exercera son activité en dehors de la France. A la France, les missionnaires ne demandent que d'y naître à leur vocation, et d'y venir mourir quand ils se seront usés pour le plus grand profit du pays.

Une telle abnégation mérite d'émouvoir les sympathies des plus hostiles, et de rallier les suffrages des plus méfiants.

Cependant, cette demande si modérée a soulevé des objections qu'il faut regarder en face. Les adversaires du projet ont fait connaître les griefs qu'ils lui opposent, et la méthode qu'ils entendent employer pour le combattre. Ils disent que le projet, en autorisant des juvénats pour le recrutement de la congrégation au sortir de l'école primaire, contredit la loi du 7 juillet 1904. Cette loi, dans son article premier, interdit tout enseignement en France aux congrégations, et si, dans son article 2, elle permet à quelques congrégations enseignantes de conserver des noviciats, c'est sous la condition que les novices n'auront pas moins de vingt et un ans. Gardez-vous donc, continuent les adversaires du projet, de recourir à l'article 13 de la loi de 1901, et servez-vous de l'article 2 de la loi du 7 juillet 1904. Gardez-vous d'autoriser par loi la congrégation elle-même, et procédez par décret pour autoriser ces noviciats que l'amendement Leygues a prévus, précisément afin de pourvoir au recrutement des écoles françaises hors de France.

Ce sont là des objections et tout un raisonnement qu'il faut se hâter de mettre en pleine lumière, et auxquels votre Commission est persuadée qu'elle peut répondre d'une manière qui détruira l'espoir que quelques-uns y avaient mis de ruiner le projet.

Notre réponse sera double. Premièrement, dirons-nous, il est au moins douteux que les dispositions qu'on invoque ici soient encore applicables en l'espèce, et, secondement, fussent-elles applicables, elles ne permettraient pas de pourvoir suffisamment aux divers besoins des missions.

Première réponse. — Voyons d'abord quel est le sens des articles 1er et 2 de la loi de 1904.

En 1904, il y avait des congrégations autorisées ou en instance d'autorisation, qui de droit, ou de fait, étaient exclusivement vouées à l'enseignement ; et puis des congrégations, autorisées ou en instance d'autorisation pour divers objets, entre autres l'enseignement.

La loi (par son art. 1er) dispose que les premières seront supprimées dans un délai maximum de dix ans, si elles sont autorisées, ou, si elles sont en instance d'autorisation, déboutées de leur demande ; que les secondes perdent, en ce qui concerne l'enseignement, le bénéfice de l'autorisation ou de la demande en autorisation.

Ensuite (par son art. 2), elle ordonne que les noviciats des congrégations exclusivement enseignantes seront dissous de plein droit, « à l'exception de ceux qui sont destinés à former le personnel des écoles françaises à l'étranger, dans les colonies et pays de protectorat ». Qu'est-ce à dire, et quelles sont les congrégations enseignantes dont il s'agit? Non pas toutes, assurément, mais seulement celles qui sont, au moment de la promulgation de la loi, munies de l'autorisation légale (1), car aux termes des articles 13, 16 et 18 de la loi du 1er juillet 1901, toute congrégation non autorisée, soit qu'elle n'ait pas demandé l'autorisation, soit qu'elle ne l'ait pas obtenue, est réputée dissoute de plein droit et mise en liquidation par autorité de justice. Rien, pas même un noviciat, n'en saurait subsister. En outre, le règlement d'administration publique du 2 janvier 1905 établit, par son article 5, que la demande relative au maintien des noviciats devra être introduite dans les six mois qui suivront la publication dudit décret, c'est-à-dire avant le 2 juillet 1905.

Il suit de la première condition qu'une congrégation enseignante, mais non autorisée, celle des Frères maristes, par exemple, ne pouvait demander le maintien d'aucun noviciat ; il suit de la seconde qu'une congrégation enseignante et autorisée, les dames de Nazareth par exemple, ne pourrait plus, aujourd'hui, ne l'ayant pas fait avant le 2 juillet 1905, réclamer le bénéfice de la disposition dont il s'agit ; il suit enfin, du jeu combiné de l'une ou de l'autre, que cette disposition doit être considérée comme étant désormais sans objet et par conséquent caduque. Les congrégations missionnaires auxquelles le gouvernement vous propose d'accorder l'autorisation prévue par l'article 13 de la loi du 1er juillet 1901 ne peuvent, à l'heure actuelle, rien attendre de l'article 2 de la loi du 7 juillet 1904, soit qu'elles n'aient pas été autorisées lors de la promulgation de la loi, soit qu'elles ne soient pas,

(1) Il ne faut pas oublier, en effet, écrit M. Ferdinand Buisson, que les congrégations dont il s'agit sont des congrégations autorisées, c'est-à-dire sous la tutelle de l'État. — Rapport n° 1509 à la Chambre des députés, en date du 11 février 1904, page 43.

de fait ou de droit, exclusivement enseignantes, soit
qu'étant à la fois autorisées et enseignantes, elles soient
désormais forcloses (1).

Ici, pourtant, une distinction s'impose. Les Frères des
écoles chrétiennes sont, à l'égard de cet article de la loi,
dans une situation particulière. Enseignants et autorisés
jusqu'à la promulgation de la loi du 7 juillet 1904, qui
par ses articles 1 et 6 révoque leur autorisation, ils pouvaient réclamer le bénéfice de l'article 2, et ils l'ont ré-
clamé en effet pour huit noviciats, le 30 juin 1905, dans
les délais impartis par le décret du 2 janvier 1905. Mais
leur demande a été rejetée, par décret en Conseil d'État
du 30 avril 1909, sauf en ce qui concerne les deux établissements de Talence et de Caluire, sur lesquels il fut
sursis à statuer.

Aujourd'hui, pourrait-on encore statuer, sur ces deux
noviciats, au bénéfice de la congrégation? Il ne semble
pas. En effet, les dernières écoles tenues par ses membres
ont été fermées, le 30 juin 1914, par un arrêté du ministre
de l'Intérieur. Le 1er août suivant, en considération de la
guerre, l'effet de cet arrêté a été suspendu. Mais l'arrêté
lui-même n'a jamais été rapporté. Les tribunaux ont
décidé (arrêt de la Cour d'appel de Rouen, en date du
4 mai 1921, de la Cour d'appel d'Orléans, en date du

(1) M. Ferdinand Buisson, dans le rapport déjà cité, page 51, écrit que
la seule congrégation d'hommes qu'atteigne la loi du 7 juillet 1904
est l'institut des Frères des écoles chrétiennes et il ajoute (lors de
la discussion de l'amendement Leygues à la Chambre des députés,
séance du 21 mars 1901) : l'article 2 concerne « ...quant aux hommes,
une seule et unique congrégation, l'institut des Frères des écoles chrétiennes. L'amendement est-il nécessaire, est-il utile pour assurer le
maintien des missions de tout ordre? Non, évidemment, puisqu'il ne
peut porter que sur le seul institut des Frères des écoles chrétiennes. »
Cet institut était en effet, d'après l'avis du Conseil d'État, en date du
16 janvier 1901, la seule congrégation d'hommes régulièrement autorisée pour l'enseignement. Les autres ou n'avaient pas demandé l'autorisation ou se l'étaient vu refuser, par conséquent n'existaient plus
et ne pouvaient tomber sous le coup de cette loi : leur sort était réglé
par les articles 13, 16 et 18 de la loi du 1er juillet 1901.

22 juin de la même année, et du Conseil d'État, en date du 27 octobre 1922) qu'à partir du 20 juillet 1914 l'institut des Frères des écoles chrétiennes a perdu toute existence légale.

Il est donc impossible de lui accorder désormais le bénéfice de l'article 2 de la loi du 7 juillet 1904.

Dès lors, pour donner à la nouvelle congrégation, dite Institut missionnaire des Frères des écoles chrétiennes, l'autorisation, qu'elle sollicite, d'organiser en France les bases de ses missions à l'étranger, il n'est pas d'autre moyen que d'appliquer l'article 13 de la loi du 1er juillet 1901.

Deuxième réponse. — Au reste — et c'est là notre seconde réponse aux adversaires du projet — quand même l'article 2 du 7 juillet 1904 serait encore applicable aux Frères, — ce qui n'est pas, — il est aisé de prouver que les dispositions en sont insuffisantes.

Ce que l'Institut missionnaire demande en effet, et ce dont il a besoin pour servir au dehors les intérêts de la France ; ce que, par conséquent, la France a besoin de lui accorder, si elle apprécie ses services, ce sont des bases de missions.

Les noviciats, à eux seuls, ne constituent pas des bases de missions. Il y faut encore des hôpitaux pour les malades, des maisons de retraite pour les vieillards et les infirmes, des procures ou hôtelleries pour les allants et venants et pour le service du matériel. Ces 250 000 livres, par exemple, que la congrégation expédie de France, chaque année, aux élèves de ses écoles, ne faut-il pas qu'elle ait où les emmagasiner, les manipuler, les entreposer? L'article 2 de la loi de 1904 ne permet de pourvoir à aucune de ces nécessités.

En outre, les conditions mises par le décret du 2 janvier 1905 au fonctionnement des noviciats que maintient la loi du 7 juillet 1904 ne tiennent pas compte des circonstances de fait dans lesquelles ces noviciats sont appelés à fonctionner. En effet, pour fixer le nombre des novices que les noviciats seront autorisés à accueillir, le décret se règle sur le nombre moyen des élèves qui auront passé dans les écoles sises hors de France durant les cinq années antérieures à la promulgation de la loi. C'est ignorer le développement continu de ces écoles qui, d'année en année, y nécessite un plus grand nombre de maîtres. C'est méconnaître, de la manière la plus brutale, l'empressement de toutes les nations à s'inscrire dans nos écoles françaises. L'article 4 du décret parle des écoles qui existaient avant la promulgation de la loi, et ne prévoit nullement que, du fait même de la loi, elles vont se multiplier par centaines. Ce serait une faute impardonnable de limiter la production des maîtres aux besoins révélés par le nombre moyen des élèves que ces collèges ont formés durant la période de temps prévue par le décret.

Il est encore un autre ordre d'idées qui montre l'insuffisance de la loi de 1904 pour atteindre l'objet que nous recherchons. C'est apporter une entrave au recrutement du personnel que d'exiger que les novices n'aient pas moins de vingt et un ans, c'est-à-dire en réalité qu'ils aient fait leur service militaire avant d'entrer au noviciat. Combien pense-t-on qu'il y aurait d'instituteurs publics, s'il n'était permis d'entrer aux écoles normales de l'État qu'après le service militaire? Et ne comprendra-t-on pas que pour se préparer à servir hors de sa patrie, dans des pays lointains, il faut plus de souplesse, d'efforts et de persévérance que pour apprendre à enseigner des enfants semblables à celui qu'on se souvient d'avoir été?

Les Frères sont, pour la plupart, issus de milieux où l'on choisit un métier au sortir de l'école primaire. C'est donc au sortir de l'école primaire qu'il doit être permis de se former en vue de l'enseignement à l'étranger.

Ici on invoquera, contre les juvénats prévus par le projet, l'article premier de la loi de 1904 : « L'enseignement de tout ordre et de toute nature est interdit en France aux congrégations. » Mais il s'en faut que l'argument porte. Ce qui est interdit aux congrégations, c'est d'ouvrir des écoles et de tenir des maisons d'éducation : ce n'est pas de pourvoir à l'instruction de leurs propres membres. Il est évident, par exemple, que les sœurs de Saint-Vincent-de-Paul ont le droit, si bon leur semble, de se préparer entre elles aux examens du brevet supérieur ou du baccalauréat. Or, il n'en sera pas autrement des juvénats dont il s'agit, puisque les adolescents n'y seront reçus, au sortir de l'école primaire, à treize ans, à l'âge où l'on entre en apprentissage dans le métier de son choix, que s'ils ont l'intention, approuvée par leurs parents, de s'attacher à la congrégation pour se consacrer aux missions étrangères. Sans doute, ils seront libres de se retirer si leur vocation fléchit, comme la congrégation sera libre de les renvoyer, si elle ne les juge pas propres à son service. Mais il n'est pas à craindre que, sous le nom de juvénats, ce soient des collèges qui s'installent, au mépris de la loi, puisque le nombre des élèves y étant strictement limité, et leur entretien presque toujours à la charge de l'établissement, la congrégation nuirait à ses intérêts matériels et compromettrait le recrutement de son personnel si elle n'éliminait très rapidement les inaptes. Quant aux jeunes gens qui n'auraient pas l'intention de persévérer dans la voie des missions, que pourraient-ils attendre d'un enseignement professionnel spécialement approprié à une vocation si particulière?

Les juvénats ou écoles apostoliques ne seront donc pas des collèges, d'où la congrégation pourrait de-ci de-là tirer quelque nouvelle recrue, mais des petits séminaires préparatoires aux missions, dont les élèves, soigneusement choisis et dûment éprouvés, sont destinés, pour la plupart, à rester fidèles à leurs intentions.

Aussi bien ces établissements demeureront sous le double contrôle du ministère de l'Intérieur et du minis-

tère de l'Instruction publique. S'il leur arrivait, contraire-
ment aux dispositions de l'article premier de la loi du
7 juillet 1904, de se transformer en écoles et de donner
l'enseignement non seulement aux aspirants missionnaires,
mais à des jeunes gens étrangers à la congrégation,
les projets de loi portent qu'ils tomberaient sous le coup
des sanctions prévues à l'article 13 de la loi du 1er juillet 1901, c'est-à-dire qu'ils s'exposeraient à être dissous
par décret en Conseil des ministres.

Telles sont les raisons, messieurs, pour lesquelles votre
Commission des affaires extérieures estime, en premier
lieu, que le projet déposé par le gouvernement sur le
bureau de la Chambre ne contrevient à aucune des dispositions de la législation existante, et, en second lieu, que
les dispositions de l'article 2 de la loi de 1904 sont insuffisantes pour atteindre le résultat qu'exige le bien de
l'État.

II

L'EXISTENCE DES FRÈRES IMPORTE-T-ELLE AU BIEN DE L'ÉTAT ?

Qu'est-ce que les Frères des écoles chrétiennes? Une
congrégation fondée par un homme du plus généreux
génie français, ce saint Jean-Baptiste de la Salle, que
de nos jours ont continué le frère Philippe et, hier encore,
le secrétaire général Justinus. Ce sont là des personnages
hautement respectables, à qui notre collègue M. Ferdinand Buisson aime à tirer son coup de chapeau, en rap-
pelant que les Frères des écoles chrétiennes peuvent être
dits les précurseurs et une des sources de tout ce qui a été
fait pour l'enseignement primaire dans notre pays (1).

---

(1) Voir notamment la page 32 du rapport de M. Ferdinand Buisson
du 11 février 1904.

On sait que les Frères furent incorporés à l'Université en 1908. Quelle gloire d'avoir été pour une si grande part dans le mouvement progressif intérieur du peuple français !

C'est seulement vers le milieu du dix-neuvième siècle que leur enseignement se répandit avec force à l'étranger, mais, dès leur début, ils avaient commencé d'essaimer hors de France. Une phrase de leur fondateur est bien significative à cet égard, dans sa bonhomie cordiale et puissante : « Le bon maître, avait dit Jean-Baptiste de la Salle, fera toute sa satisfaction, toute sa joie d'instruire sans relâche, sans distinction, sans aucune acception de personne, tous les enfants, quels qu'ils soient, ignorants, ineptes, dépourvus des biens de nature, riches ou pauvres, bien ou mal disposés, catholiques ou protestants. » Et le principe de généralité qu'il y a dans ce mot d'ordre devait les entraîner presque aussitôt à l'étranger.

Pourtant, lorsque le frère Philippe accéda au généralat en 1838, la congrégation ne comptait encore que 42 maisons hors de France. Mais sous son gouvernement, les Frères arrivent à Smyrne, en 1841 ; à Constantinople, en 1844 ; à Alexandrie d'Égypte, en 1847 ; au Caire, en 1854 ; à Jérusalem, en 1874, et ainsi de suite jusqu'à ce qu'ils gagnent le Canada et les États-Unis, l'Argentine, le Chili, la Colombie et le Nicaragua, etc. De telle sorte que, lorsque le frère Philippe meurt en 1874, il laisse, en plus des 42 maisons hors de France qu'il avait trouvées à son avènement, 106 maisons en Europe, 26 en Asie, 43 en Afrique, 101 en Amérique, soit 276 établissements nouveaux. Après sa mort, le rôle extérieur de la congrégation ne cesse pas de grandir, et quand survient le désastre du 7 juillet 1904, la congrégation, par un magnifique redressement, n'y veut trouver que des raisons d'espérer et d'agir : elle transporte, hors de France, toutes les forces que la fermeture de ses établissements semblait vouer au sommeil.

Quel superbe exemple de vitalité ! Le 30 juin 1914, les dernières écoles des Frères en France étaient déclarées fermées ; vingt jours plus tard, le 20 juillet, la congrégation avait perdu l'existence légale ; eh bien ! les Frères se mettaient en marche. Ils portaient à travers le monde leur tricorne, leur rabat, leur vieux costume, suranné peut-être, mais si français — le plus français qui soit, après celui des sœurs Saint-Vincent-de-Paul — et en même temps leur esprit, leurs sentiments, leurs méthodes. Et partout, dans leur personne, la France s'est montrée digne de respect et d'amitié, cordiale, désintéressée, utile. Partout les Frères se sont fait estimer par la valeur de leur enseignement, la dignité de leur vie, leur soumission à la loi, leur déférence à l'égard du pouvoir civil et le souci de se tenir en dehors de toutes les luttes politiques ou religieuses, au milieu des nations qui leur donnaient l'hospitalité.

Le nombre total des écoles des Frères hors de France est de 819, en 1922 ; le nombre total de leurs élèves, 208 948. Sur ce nombre, 544 écoles n'ont pas, ou pour mieux dire, n'ont plus de maîtres de nationalité française. Elles gardent l'empreinte de notre discipline, les traditions et les méthodes de notre pédagogie, et elles réservent, sauf exception, quelques heures par semaine à l'enseignement de notre langue. Bien plus, les écoles et collèges de Belgique et du Canada sont dirigés par un personnel, qui, pour être de nationalité étrangère, est pourtant de langue française, et qui lutte avec ténacité et bonheur pour sauvegarder notre culture, au Canada occidental contre la progression de la langue anglaise, en Flandre, en Brabant et à Anvers, contre les menées flamingantes. Cependant nous laisserons de côté ces écoles, pour nous en tenir à celles dont la direction est française et le personnel en majorité français. Et de celles-là, il y en a 276, qui comptent à cette heure 84 602 élèves.

On trouvera plus avant une série de diagrammes qui

permettent de prendre une vue d'ensemble de cet enseignement, dont l'importance est capitale pour le rayonnement de notre puissance.

En voici la répartition :

1° Colonies et pays de protectorat ou de mandat français : Algérie, la Réunion, Madagascar, Indochine, Tunisie, Syrie ;

2° Europe : Bulgarie, Grèce, Angleterre, Belgique, Pays-Bas, Suisse, Monaco, Italie, Espagne (et îles Canaries) ;

3° Levant : Turquie, Palestine, Égypte ;

4° Moyen et extrême Orient : Ile Maurice, Malacca, Rangoon, Taiping, Ipoh, Hong-Kong ;

5° Amérique du Sud et Amérique centrale : Chili, Argentine, Bolivie, Brésil, Équateur, Colombie, Pérou, Vénézuéla, Panama ;

6° Amérique du Nord : Mexique, États-Unis (nouveau Mexique et Louisiane), Canada.

Nous ne pouvons pas songer à suivre les Frères dans toutes ces régions ; la promenade serait trop longue et trop chargée ; mais, si vous le voulez bien, nous jetterons un regard sur leurs missions les plus caractérisées : dans le Levant et dans l'Amérique latine.

I. *Levant.* — Il m'a été permis de visiter un très grand nombre des écoles des Frères, d'Alexandrie à Constantinople. Dans toutes ces régions de l'Égypte et des pays qui, avant 1918, constituaient l'empire ottoman, je les ai vus orienter leur pédagogie vers la pratique, vers l'enseignement professionnel, et former des jeunes gens laborieux, attentifs, disciplinés, adaptés aux besoins du pays ; je les ai vus proposer la France en modèle à ces enfants de toutes les religions et de toutes les races, qu'ils accueillent dans leurs écoles. Les musulmans, les juifs, les chrétiens de tous rites et de toutes confessions amènent avec empressement, sans une inquiétude de conscience, leurs enfants à ces maîtres, qui enseignent les lois éternelles et universelles du courage devant les travaux de la vie et du respect devant les choses sacrées. Savez-vous ce qu'ont fait nos missionnaires, et parmi eux, au premier rang, les Frères? Je vous dis ce que j'ai vu sous leur toit, au Caire, à Alexandrie, à Beyrouth, à Tripoli, à Kadi-Keui, et en causant avec leurs anciens élèves : par leur enseignement, donné en français, ils ont créé dans ce monde oriental cette chose toute nouvelle, une classe moyenne, une classe nourrie de notre culture, vivant de nos traditions et qui fournit le personnel de toutes les professions libérales, de toutes les administrations, de toutes les entreprises commerciales de caractère international. Il est impossible de n'être pas ému de plaisir, quand on voit que tout au long du chemin de fer de Constantinople à Bagdad la Compagnie a dû adopter le français comme langue officielle dans les services. C'est là le fait de nos écoles et l'éclatant témoignage de leur envahissement efficace. La situation du Français en Orient a ses titres historiques dans un passé glorieux, mais ce n'est qu'au dix-neuvième siècle qu'elle s'est affirmée, grâce au développement de nos écoles congréganistes, parmi lesquelles celles des Frères sont sans doute au premier rang.

En Eg te, les Frères ont 29 collèges ou écoles qui groupent plus de 8 000 élèves. Le seul collège Sainte-Catherine d'Alexandrie en compte un millier. C'est un établissement d'enseignement secondaire et d'enseignement technique et commercial, qui prépare, chaque année, un grand nombre de jeunes gens au baccalauréat et aux études supérieures de nos Universités et de nos grandes écoles.

En Turquie, treize collèges et écoles réunissent 4 000 élèves. Le collège de Kadi-Keui à Constantinople, qui développe actuellement ses classes d'enseignement technique et commercial, compte près de 800 élèves.

En Syrie, six collèges ou écoles réunissent plus de 2 500 élèves. Le collège de Beyrouth, à lui seul, en compte près d'un millier.

En Palestine, huit écoles et collèges avec 1 700 élèves se maintiennent, sous le mandat anglais, en face du sionisme.

II. *Amérique latine.* — Ce n'est guère que depuis trente ans que les Frères des écoles chrétiennes développent leur action dans l'Amérique latine. Contraintes de s'adap-ter à des programmes plus précis qu'en Orient, à des lois plus strictes et à des traditions nationales très fermes, leurs écoles ont pourtant réussi à propager notre culture. Une heure par jour (jamais moins, souvent plus) est consa-crée à l'étude de la langue et de la littérature françaises ; dans nombre d'établissements, l'enseignement de l'his-toire et des sciences est donné en français ; presque par-tout le français est parlé à l'étude, au réfectoire et pen-dant les récréations ; dans beaucoup de ces écoles, les fils de nos compatriotes morts à la guerre sont reçus gratui-tement ; en sorte que les jeunes gens, au sortir de ces col-lèges, parlent et écrivent le français, et ont été nourris, en même temps que de nos chefs-d'œuvre, d'exemples empruntés à notre histoire.

En Argentine, onze collèges et plus de 4 000 élèves, dont 1 300 au collège Saint-Jean-Baptiste de la Salle à Buenos-Ayres.

En Colombie, vingt établissements comprenant tous les ordres d'enseignement primaire technique, profession-nel, commercial, secondaire, supérieur.

En Équateur, neuf écoles avec 3 000 élèves.

Au Panama, trois écoles avec 700 élèves.

Au Chili, douze collèges ou écoles avec 4 000 élèves.

Au Brésil, cinq écoles avec 1 300 élèves.

Au Mexique, trois collèges avec 700 élèves.

A Cuba, neuf collèges avec près de 3 000 élèves (dont un millier au seul collège de la Salle à la Havane).

Enfin, il est à noter qu'en Colombie et au Nicaragua les Frères dirigent l'Institut supérieur de pédagogie, et qu'ainsi ils forment les inspecteurs des écoles de l'État et les directeurs des écoles normales départementales.

Qui ne comprend ce que cela représente d'heureuse influence sociale au plus glorieux profit de la France? Qui ne voit combien une telle activité est conforme au génie de notre patrie, dont la tradition intellectuelle constante a été d'affirmer que, dans la formation des sociétés, la force matérielle est peu de chose auprès des forces morales? Qui ne s'explique, enfin, que jamais aucun de nos hommes d'État, si ardentes qu'aient pu être ses passions de parti, n'ait voulu renoncer au concours de nos missionnaires enseignant à l'étranger?

III

TOUS LES GOUVERNEMENTS ONT TOUJOURS RECONNU L'UTILITÉ DE L'ENSEIGNEMENT DES FRÈRES A L'ÉTRANGER

Ni la loi de 1901 ni la loi de 1904 ne voulaient la destruction des congrégations missionnaires.

L'auteur de la loi de 1901, M. Waldeck-Rousseau, disait à la tribune du Sénat (dans la séance du 13 juin 1901) : « On a vanté les services rendus par les congrégations religieuses, on a montré quelle somme de bienfaisance elles représentent ; on a rappelé celles qui assistent les malades, qui recueillent les orphelins, les vieillards et les infirmes, et parlant des hommes qui vont dans l'Extrême-Orient et dans les contrées les plus lointaines porter leur apostolat religieux, on n'a pas manqué de faire valoir que, du même coup, ils servent la cause de notre expansion coloniale. Sur ce point, messieurs, on peut aisément triompher ; car on ne rencontrera d'objection ni de la part du gouvernement, ni de la part de la majorité républicaine de cette as emblée... »

Au cours de la discussion de la loi de 1904, M. Georges Leygues plaida avec éloquence et bonheur la cause des écoles françaises à l'étranger :

« L'enseignement congréganiste, dit-il, est supprimé en France, mais il n'est supprimé qu'en France. Pourquoi nous a-t-on fait cette concession, dont l'importance n'échappe à personne? Parce qu'on sent que nous ne devons pas prolonger hors de nos frontières l'écho de nos discordes politiques et que nous avons dans le monde de graves intérêts à sauvegarder, qui seraient compromis si nous rompions l'immense réseau d'écoles, d'orphelinats, d'œuvres de tout genre que les missions françaises ont fondés...

« Ce n'est pas manquer de courtoisie ni de déférence envers les nations que nous rencontrons dans le Levant que d'affirmer qu'elles s'efforcent d'amoindrir notre protectorat catholique et qu'elles essaient de se substituer à nous dans des contrées où, il n'y a pas un demi-siècle, la France était toute-puissante... Abandonner ces écoles, ces orphelinats, ces asiles, ce serait abandonner un lambeau du patrimoine moral de la France, du patrimoine que le gouvernement et le Parlement ont pris en charge et qu'ils n'ont pas plus le droit de laisser amoindrir que de livrer à nos rivaux. »

MM. Waldeck-Rousseau et Georges Leygues exprimaient par ces paroles mémorables la pensée politique constante de la France, comme le prouve sans réplique le fait qu'à aucune époque le gouvernement ni le Parlement n'ont cessé de subventionner les congrégations missionnaires et de se déclarer prêts à les autoriser.

Le gouvernement de M. Combes ne manqua jamais d'exiger du Parlement le maintien ou le rétablissement des crédits affectés à l'entretien des écoles congréganistes à l'étranger. — En 1902, M. Delcassé disait : « Qui parle français en Orient n'est pas loin de penser en français et d'agir en Français, et se trouve tout naturellement tourné vers la France, qu'il s'agisse de ses aspirations morales ou de ses besoins matériels. Il y a quelques années, le nombre des élèves fréquentant les établissements et les écoles où on parle français n'atteignait pas tout à fait 50 000 ; au printemps dernier, ce nombre atteignait 90 000, et je sais qu'il a augmenté depuis. » — En 1903 : « Je désire sincèrement favoriser les établissements laïques ; je veux bien admettre qu'ils feront œuvre utile ; mais ne me demandez pas, en attendant, de désorganiser ou de supprimer des écoles en plein succès en faveur d'établissements dont les services ne sont encore qu'en espérances. » — En 1905 : « Ne me demandez pas d'abandonner ces écoles, d'abandonner les enfants qui les peuplent, et de les pousser dans les écoles étrangères et rivales qui les attendent et qui les sollicitent. Ne demandez pas à un ministre des Affaires étrangères qui a la garde de l'ensemble des intérêts extérieurs de la France, qui n'a pas le droit d'en négliger un seul, — et je ne le ferai pas, je ne consentirai pas à le faire, — ne lui demandez pas de sacrifier un instrument efficace de l'influence française... Ne m'obligez pas à sacrifier les 300 écoles qui ont besoin de notre aide, et à conduire, pour ainsi dire par la main, les 85 000 enfants qui les fréquentent, qui, en ce moment, parlent la langue française, qui sont imprégnés des idées françaises, qui grandissent à l'ombre du drapeau français, dans les écoles rivales où ce n'est pas de la France qu'ils entendront parler... » — En 1906, M. Léon Bourgeois avait succédé à M. Delcassé. On l'invitait à éliminer graduellement les écoles congréganistes ; il réclama de la Chambre une confiance qui lui laissât « le loisir d'étudier cette question et de lui donner la solution convenable après mûr examen ». — Pour la discussion du budget de 1907, ce fut à M. Stephen Pichon, ministre des Affaires étrangères, de répondre : « Nous ne devons pas perdre de vue, s'écria-t-il, qu'en Orient toute une partie de notre clientèle préfère encore l'enseignement congréganiste. Que ferez-vous de cette clientèle? Pour la satisfaction de supprimer une subvention qui ferait disparaître l'école congréganiste, allez-vous risquer de faire passer toute cette clientèle sous l'influence étrangère? »

Ce fut la fin de la bataille. Les plus hostiles avaient compris qu'ils ne pouvaient ni imposer au budget l'énorme charge que constituerait l'organisation d'un vaste ensemble d'écoles laïques, ni recruter au pied levé un personnel capable d'en assumer la direction et d'en assurer le succès. (Aussi bien, toutes les personnes qui ont vécu en Orient savent-elles que les écoles congréganistes n'y sont pas, à proprement parler, des écoles confessionnelles. Ainsi, à Constantinople, les Frères de Kadi-Keui, sur 773 élèves, n'ont que 113 catholiques. Ces écoles d'Orient sont en réalité des écoles interconfessionnelles tenues par des congréganistes.)

Après le vote de la loi de 1901, après le vote de la loi de 1904, le gouvernement et le Parlement continuèrent, comme par le passé, à accorder des subventions, non seulement aux établissements tenus par des congrégations autorisées (Lazaristes, etc.) ou en instance d'autorisation (Pères blancs), mais encore aux établissements tenus par des congrégations qui avaient perdu l'autorisation (Frères des écoles chrétiennes) ou qui s'étaient abstenus de la demander (Jésuites).

Voici, d'ailleurs, le tableau des subventions accordées d'années en années, de 1903 à 1914, aux établissements des Frères des écoles chrétiennes en Turquie, en Syrie, en Palestine et en Égypte.

	1903	1904	1905	1913	1914
	francs	francs	francs	francs	francs
Turquie......	38 900	38 900	37 900	36 200	38 090
Syrie........	14 500	14 500	14 500	17 500	17 500
Palestine.....	29 500	27 000	27 000	27 700	27 900
Égypte......	32 500	33 500	34 500	38 800	36 450

Ainsi demeurent toujours vivantes, dans la haute intelligence française, les instructions données par la Convention à son agent à Constantinople : « Le citoyen Semonville n'oubliera pas qu'en Orient le catholicisme, c'est la nation. »

IV

LE PÉRIL

Eh bien, ces congrégations, qui sont un des p'us puissants instruments de notre prestige et de nos intérêts, ces congrégations sur lesquelles s'établit l'accord unanime de ceux qui ont la responsabilité du service de l'État et que leur haute charge soustrait aux fièvres de la bataille des partis, ces congrégations, messieurs, elles sont perdues si nous n'intervenons pas. Elles sont perdues, et l'étranger se partagera leur dépouille, c'est-à-dire nos dépouilles.

Elles sont perdues? Pourquoi? Parce que le nombre des Frères français y diminue, tandis que le nombre des Frères étrangers y augmente.

ANNÉES	ÉCOLES	ÉLÈVES	PERSONNEL RELIGIEUX	
			Français	Étranger
1904.........	178	45 372	1 107	233
1909.........	207	60 400	4 823	313
1914.........	296	76 135	4 003	508
1919.........	281	81 819	2 653	723
1922.........	275	84 602	2 456	838

Et voici plusieurs diagrammes que nous présentons ci-contre qui ne sont que trop parlants. Ils établissent que l'application de la loi du 7 juillet 1904 a eu ce double effet de multiplier nos œuvres à l'étranger et de les vouer à la mort. En effet, tous les Frères, quasi, sont passés à l'étranger ; mais dans le même moment leur recrutement a cessé de s'opérer en France. Les 1 430 écoles qu'ils tenaient en France furent presque toutes fermées de 1904 à 1909. Sous l'impulsion du grand citoyen qu'était le frère Justinus, le personnel ainsi rendu disponible fut envoyé au fur et à mesure dans les établissements de la congrégation à l'étranger. D'où la montée, dans ces cinq années, de 1 107 maîtres à 4 823 maîtres. Mais comment maintenir un tel nombre de maîtres avec deux noviciats seulement !

En dix-huit ans, de 1904 à 1922, les deux noviciats de Talence et de Caluire n'ont fourni que 136 sujets, soit moins de 8 par an, alors que le bon fonctionnement des établissements à l'étranger réclamait un contingent annuel de 250 à 300. La vieillesse et la maladie firent leur œuvre ; la guerre accéléra la chute ; après l'armistice, les réserves, par l'effet des maladies et de la mort, continuèrent de s'épuiser : bref, les 4 823 maîtres de 1909 ne sont plus, en 1922, que 2 456.

Les Écoles françaises des Frères à l'étranger

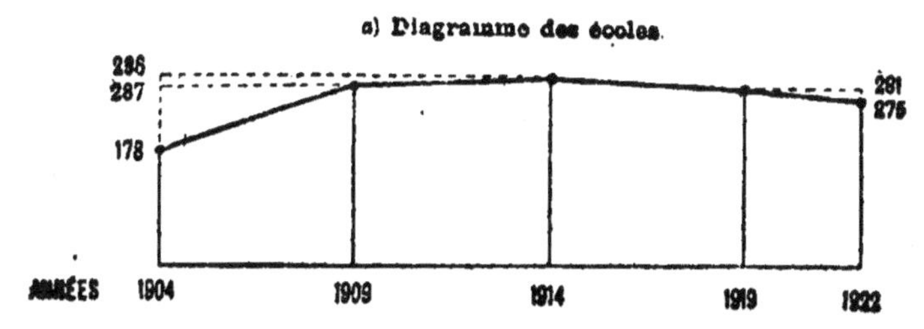

a) Diagramme des écoles.

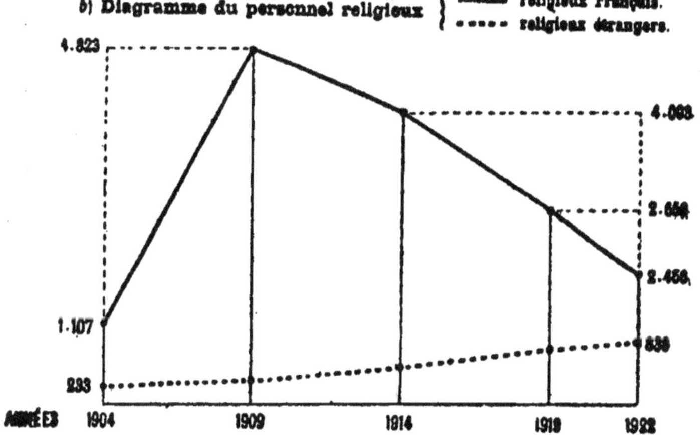

b) Diagramme du personnel religieux

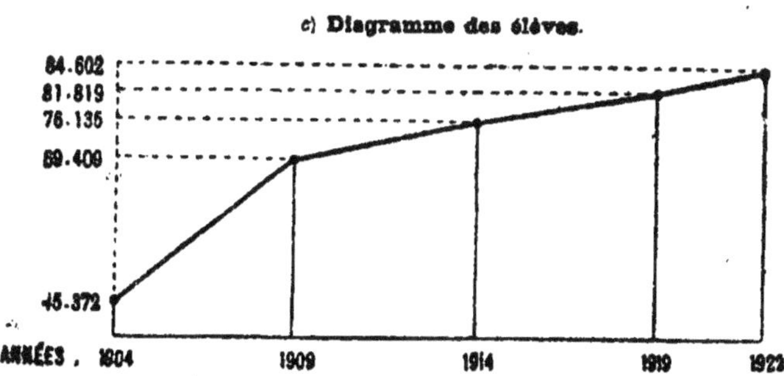

c) Diagramme des élèves.

Les Écoles des Frères en Orient (Diagrammes des élèves)

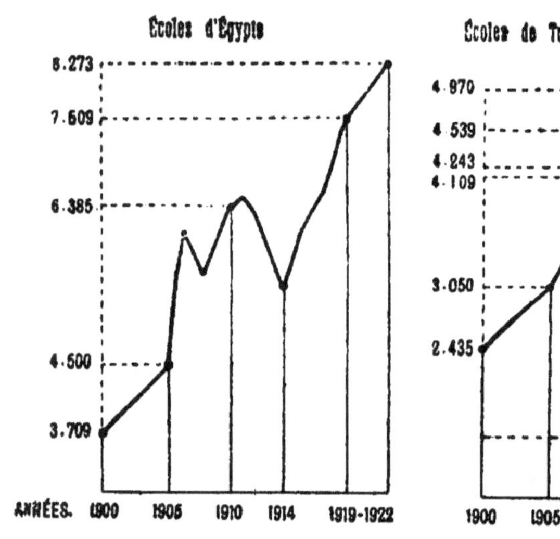

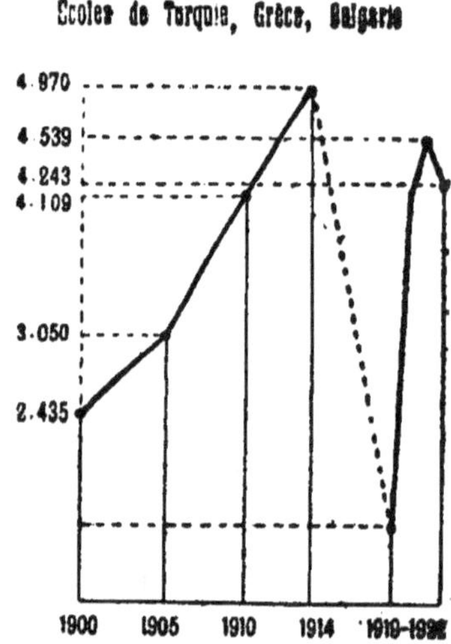

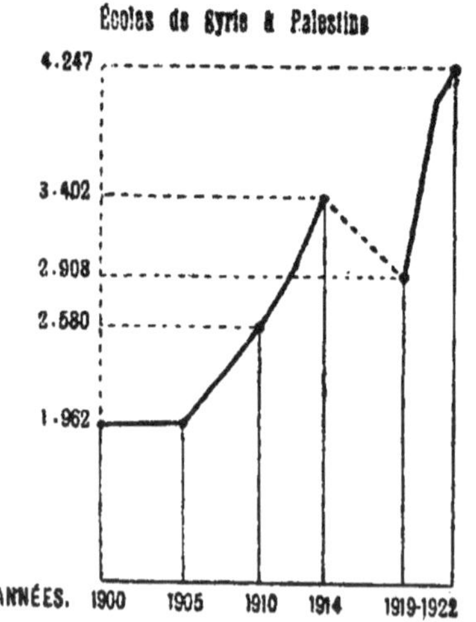

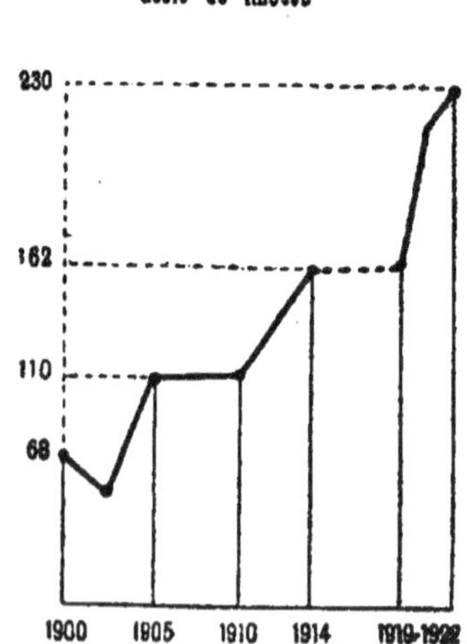

Au contraire, le nombre des étrangers employés dans ces écoles françaises n'a cessé de s'accroître lentement, mais régulièrement ; il était, en 1903, de 233 pour 1 107 Français ; en 1909, de 313 pour 4 823 ; il est aujourd'hui de 838 pour 2 456.

Les mêmes événements ont influé, mais un peu moins dangereusement, sur le nombre des écoles. Brusque montée de 1904 à 1909 : on passe de 178 à 287 établissements. Malgré la diminution du personnel français, l'Institut fonde encore de 1909 à 1914, et on passe de 287 à 296. Mais, à partir de 1914, la guerre, l'arrêt du recrutement, la mort des Frères agissent : le nombre des écoles, qui était de 296 en 1914, tombe à 281 en 1919 et à 275 en 1922. Si la courbe doit un jour se relever, ce ne pourra être que par le rétablissement du recrutement français, le Parlement ayant voté le projet de loi, ou par le développement du recrutement étranger, mais au détriment de l'influence française.

Et cependant, alors que le nombre des écoles et des maîtres diminue, le nombre des élèves qui se pressent à

	INSCRIPTIONS reçues.	INSCRIPTIONS refusées.
Collège de Kadi-Keui............	650	500
Collège Saint-Michel............	300	250
Collège Jeanne-d'Arc............	150	75
Collège Haïdar-Pacha...........	180	200
École Pancaldi (gratuite)........	220	200
École de Galata (gratuite)........	225	150
École de Taxim (gratuite)........	150	150
École de Chalcédoine (gratuite)...	90	0
Total............	1 965	1 525

leur enseignement ne cesse pas d'augmenter. Les élèves étaient 45 372 en 1904, et, après un certain fléchisse-

ment au cours de la guerre, les voici, en 1922, 84 602.
Ce chiffre d'ailleurs ne donne pas l'idée exacte de la situation. Les Frères sont loin de pouvoir accueillir tous les élèves qui se présentent à eux. Comparez plutôt les inscriptions reçues et les inscriptions refusées dans les seules écoles de Constantinople pendant l'année 1920. (Voir tableau ci-dessus.)

N'est-ce pas pitié que nos écoles de Constantinople soient obligées de refuser presque autant d'élèves qu'elles en reçoivent ; qu'à Smyrne, après l'armistice, pour rouvrir tant bien que mal des écoles de la ville, il ait fallu laisser fermées dans les faubourgs les écoles de Guez-Tépé et de Bournabat ; qu'à Ouchak, les Frères français n'aient pu rouvrir leurs écoles, tandis qu'un Capucin étranger y achetait des terrains pour construire deux écoles et un hôpital ; qu'à Chio et la Canée, nos écoles aient été fermées, et qu'à Rhodes elles soient passées dans des mains étrangères !

N'est-ce pas pitié qu'en Colombie les Frères aient dû décliner l'offre que leur faisait le gouvernement de créer cinquante nouvelles écoles, à condition que la direction en fût confiée à des Français?

N'est-ce pas pitié qu'en Abyssinie les Frères, toujours faute de personnel, aient dû décliner de diriger l'école réservée aux fils des gouverneurs de provinces, et que l'empereur, devant leur refus, ait dû offrir à des religieux anglais cet important privilège qu'il leur destinait?

Situation paradoxale et tragique ! Partout nous constatons l'augmentation du nombre des élèves dans les écoles françaises, mais aussi la diminution du nombre de ces écoles, et dans chacune d'elles la diminution des maîtres, remplacés par des maîtres étrangers.

En prendrions-nous notre parti? Qu'attendons-nous pour y remédier? Le péril est grave, et d'un instant à l'autre peut tourner au désastre.

Si nous ne permettons pas le recrutement des frères en France, les 15 000 disciples du Français Jean-Baptiste de la Salle sont tout bonnement en voie de passer sous le gouvernement d'un étranger. La Congrégation des Frères des écoles chrétiennes est soumise à un conseil d'administration, dénommé régime, qui se compose du supérieur général, élu à vie, et de plusieurs assistants, élus pour dix ans par le chapitre général. Or, le chapitre général se recrute par élection dans chaque district ou province. Que l'élément étranger devienne la majorité, ni le régime, ni le supérieur général ne resteront longtemps français.

Ah ! messieurs, le jour où les Français seraient mis en minorité au conseil de régime, le jour surtout où un étranger parviendrait au généralat, quelque chose de notre patrimoine aurait disparu sans retour, et nous aurions perdu l'un de nos puissants instruments de rayonnement national.

Dès maintenant, la crise est aiguë. Chaque année, la montée s'accroît des recrues étrangères : Allemands, Irlandais, Canadiens, Levantins, Italiens, Espagnols, Américains du Nord ou du Sud, etc., tous, ils affluent dans la congrégation.

C'est un effet systématique de la politique des nations qui s'apprêtent, partout, à recueillir le fruit de nos efforts séculaires.

V

LES NATIONS FONT D'IMMENSES EFFORTS
POUR SUPPLANTER NOS MISSIONS A L'ÉTRANGER

« Ces dernières années, écrivait en 1920 le père Manna, de l'Institut des missions étrangères de Milan, l'on calculait qu'environ les deux tiers des missionnaires étaient Français. Mais cette glorieuse suprématie va un peu déclinant, tandis que croît considérablement le nombre des missionnaires allemands, italiens et hollandais. » (*La conversione del mundo infidele*, Milan, 1920.)

Voilà quelques lignes dont nous allons vérifier l'exactitude, et que nous chercherons à nous rendre intelligibles. Comment procèdent les diverses nations qui cherchent à nous ravir notre privilège? L'enquête serait d'un immense intérêt. Nous allons en prendre une idée rapidement dans trois, quatre pays.

En Allemagne, d'abord. Il est superflu de le dire, le Reich ne néglige aucun moyen pour augmenter sa puissance et rehausser son prestige : « ...Au cours des trente dernières années, dit le père Manna, les missionnaires allemands s'étaient répandus dans un très grand nombre de pays païens. De 1890 à 1914, 33 champs d'action s'étaient ouverts à ces zélés ouvriers ; leurs missions prospéraient, entre autres raisons, parce qu'elles étaient mieux que d'autres pourvues de personnel et de moyens par la mère patrie. L'enthousiasme pour les missions était très vif en Allemagne : partout y surgissaient des établissements de mission et des écoles apostoliques ; les associations missionnaires de prêtres, d'étudiants, de femmes étaient nombreuses et très florissantes ; la presse missionnaire plus développée qu'en aucun autre pays. En 1914, l'Allemagne catholique avait une armée missionnaire de 941 prêtres, 816 frères, clercs ou lais, et 1 830 sœurs. Peut-être occupait-elle le second rang dans le champ de l'apostolat. »

L'empereur haïssait le catholicisme, mais il en utilisait les forces. Un fait relevé par M. Louis Marin, dans son beau rapport de 1913, illumine singulièrement cette volonté politique d'employer les missionnaires pour l'expansion allemande. Alors que le contrôle de l'enseignement et des congrégations est particulièrement sévère en Allemagne, le gouvernement impérial fait pour les missions une exception spéciale à ses lois scolaires. Il favorise de tout son pouvoir les écoles apostoliques d'enseignement secondaire. Les cours y sont donnés par des professeurs congréganistes, sans obligation de grades, de stages ni de programme : la seule obligation imposée, c'est de n'accepter dans ces établissements que des candidats aux missions.

Quand vint la guerre, en 1914, à Constantinople, les missionnaires français, avant de rejoindre la France et les armées, parcoururent les rues de la ville en chantant *la Marseillaise*. Après quoi, leurs établissements furent fermés par les Turcs. C'est l'ambassadeur d'Allemagne qui rapporte ces deux faits. Et Mathias Erzberger écrit : « Dès lors, nous, catholiques d'Allemagne et d'Autriche-Hongrie, nous avions une grande tâche à accomplir : il nous fallait sauver ce qui restait à sauver de l'œuvre des missions. » Sur les voies et moyens de ce sauvetage, Erzberger, dans ses *Souvenirs de guerre*, multiplie les plus précieux renseignements. Avec un sérieux imperturbable, il écrit :

« L'abolition des capitulations, la fermeture des établissements des missions françaises, l'expulsion des missionnaires français immédiatement après l'entrée en guerre de la Turquie, avaient complètement changé la situation en Orient. J'estimai que mon devoir principal était de sauver ces institutions, sans considération de nationalité, dans l'intérêt du catholicisme et de la culture européenne. »

Un Alsacien passé au service de l'Allemagne, le professeur Schmidlin, fut envoyé en Turquie (dès la fin de 1914). Il en revint avec un mémoire copieux sur le passé, le présent et l'avenir : « Cent mille enfants, écrivait-il, cent mille enfants des classes supérieures et cultivées étaient jusqu'alors élevés dans les établissements des missions françaises, tandis qu'à peine cinq mille enfants fréquentaient les écoles allemandes. Malgré une politique religieuse différente à d'autres égards, l'État français soutenait ces écoles de missionnaires en Orient à l'aide de plus d'un demi-million de francs de subsides annuels. C'était surtout par son protectorat, objet de tant de luttes, que la France soutenait ses missions d'Orient et pouvait en tirer un bénéfice politique. La guerre a amené d'un coup la complète ruine d'une œuvre péniblement édifiée pendant des siècles. » Et il traçait un plan d'action :

« 1º Convention avec la Turquie afin de permettre à des catholiques allemands d'assumer, sous forme de service hospitalier, les établissements des missions françaises (écoles, hôpitaux) ;

« 2º S'arranger avec la Turquie pour qu'après la guerre les établissements occupés par des religieux allemands leur soient définitivement laissés ;

« 3º S'entendre avec l'Autriche, par des négociations à Berlin, sur la conduite à tenir de concert en ces matières ;

« 4º Traiter avec le Saint-Siège pour l'exécution des accords conclus ;

« 5º S'occuper de recruter le personnel nécessaire. »

Ce dessein, Erzberger l'adopta. Il se mit à l'œuvre, soutenu par le cardinal Hartmann, de Cologne, et l'Association pour la Terre sainte, par le cardinal Piffl, de Vienne, et l'Association de l'Immaculée-Conception, par le cardinal Czernoch, prince primat de Hongrie, et l'Association de Saint-Ladislas. Dix Franciscains partirent en avant-garde, puis les provinces franciscaines d'Allemagne se déclarèrent prêtes à prendre sous leur direction, en proportion des forces dont elles disposaient, les anciens cloîtres franciscains en Syrie, avec leurs dépendances d'autrefois (écoles, orphelinats, hôpitaux), et à fonder des écoles de commerce et d'agriculture. « En 1916, 7 prêtres, 12 religieux, puis les sœurs de Saint-Charles-Borromée, expulsées du Caire et d'Alexandrie, s'installèrent à Constantinople, à Eskicheir, Konia, Alep, Baalbek, Beyrouth, Damas, Caïffa, Mont-Carmel, Jérusalem, Emmaüs. » Erzberger a une phrase magnifique : « Quand les religieuses, écrit-il, ne créèrent pas ces maisons, elles en prirent la direction. » En novembre 1916, arrivèrent d'Allemagne 35 prêtres et 76 religieuses, et d'Autriche une quarantaine de prêtres et 87 religieuses. On installa des Carmes allemands au grand couvent du Mont-Carmel, sur lequel avait jusqu'alors flotté le drapeau français. Enfin l'on se tourna vers la Mésopotamie : nos Dominicains français avaient créé à Mossoul un important séminaire pour les prêtres de rite chaldéen ; le docteur Schäfer, de Paderborn, réussit à nouer les meilleures relations avec le patriarche chaldéen, qui a sous sa juridiction environ 100 000 fidèles, quatre archidiocèses et huit diocèses dans les régions de la Mésopotamie, du Kurdistan, de la Basse-Arménie et de la Perse.

S'installer ne suffisait pas. Il fallait assurer l'avenir. En juin 1916, une convention fut passée entre l'Allemagne et la Turquie, pour la protection des établissements catholiques soutenus par des Allemands moyennant de l'argent allemand.

Erzberger s'employa à préparer un concordat entre la Turquie et le Saint-Siège. Les conversations n'aboutirent pas, mais le gouvernement turc déclara qu'il acceptait l'idée maîtresse du projet.

Sur quoi, Erzberger conclut : « Les accords de l'Allemagne avec la Turquie ont rendu un service fort appréciable au christianisme en général. Les catholiques allemands peuvent se souvenir avec satisfaction de ce qu'ils ont fait, malgré toutes les difficultés qu'ils ont eu à vaincre. Bien des accusations élevées contre eux pendant la guerre s'en trouvent réfutées. La voie est maintenant libre pour une nouvelle solution de toutes ces questions. »

Et, en effet, — écoutez bien, messieurs, — ces pensées, élaborées pendant la guerre par l'Allemagne impériale, sont fidèlement exécutées par l'Allemagne républicaine. Depuis la conclusion de la paix, 200 missionnaires allemands sont partis pour la Bulgarie et l'Ukraine. Le recrutement du personnel nécessaire se poursuit avec ténacité. Des cours préparatoires aux missions se sont ouverts à Aix-la-Chapelle d'abord, puis à Cologne en septembre 1922 ; on y expose la situation des missions allemandes depuis la guerre ; on y décrit la propagande religieuse de l'Islam et le caractère des anciennes religions de l'Extrême-Orient ; on y traite de l'éducation psychologique de l'enfant, en vue des œuvres de mission.

Et on n'a pas tout dit sur les préparatifs des Allemands, quand on a montré ce qu'ils fondent dans le territoire du Reich ; ils fondent aussi à l'étranger, notamment en Hollande et en Suisse. Sachez qu'il existe des missions qui, pour être situées hors des frontières allemandes, ne se rattachent pas moins étroitement aux œuvres allemandes.

En Hollande, à Steyl, s'est constituée, en 1875, la Société du Verbe divin, qui s'est installée en Chine (Chang-Tong septentrional), au Japon (Nygata), aux Philippines, en Nouvelle-Guinée, en Argentine, au Chili, au Paraguay, aux États-Unis, où son noviciat de Saint-Mary en Illinois compte plus de 100 recrues. En exécution du traité de Versailles, la Société du Verbe divin est éloignée du Togo, du Mozambique ; immédiatement, elle a étendu son action en Chine (Kanson occidental et Honan méridional), au Japon (partie orientale du diocèse d'Osaka), dans les îles de la Sonde, en Colombie et au Brésil.

En Suisse, à Immensée, dans une maison abandonnée par la Congrégation des Missionnaires du Sacré-Cœur d'Issoudun (qui, dissoute en France depuis 1903, a manqué de ressources), l'évêque de Coire a fondé, sous le nom d'Institut de Bethléem, un séminaire pour les missions étrangères. Cet Institut de Bethléem est tout soumis à l'inspiration allemande. C'est un centre d'où relèvent l'Exerzitienhaus de Wolhusen (Lucerne), les sections missionnaires d'Engelberg, des séminaires de Lucerne et de Coire, des collèges d'Appenzell, de Schwytz, d'Einsiedeln, d'Altdorf et de Stans. Le caractère germanique de ces institutions s'est clairement révélé au congrès d'Einsiedeln, en août 1922, où 5 000 congressistes, alémaniques et allemands, protestèrent contre l'article 438 du traité de Versailles qui ferme aux missionnaires allemands certains pays de missions (1).

Passons maintenant hors d'Allemagne, et plus brièvement en Italie, en Espagne, en Pologne, en Irlande, aux États-Unis.

En Italie est née l'Union missionnaire du clergé, dont le but est d'intéresser et d'associer tous les membres de l'Église, clercs et laïques, à l'œuvre des missions Pour développer cette œuvre, après les missionnaires de Milan, de Parme, de Turin, de Vérone, après les Franciscains, les Capucins, les Salésiens surtout, si ardemment dévoués à l'Italie nouvelle et à sa constitution, les Servites ont créé à Rome, en janvier 1921, un institut missionnaire pour l'Afrique et l'Amérique. Et l'Institut des missions étrangères de Milan vient d'ouvrir à Ducenta (diocèse d'Aversa) un séminaire destiné à préparer aux missions les jeunes gens de l'Italie méridionale.

(1) Il faut noter que toute l'activité missionnaire de la Suisse n'est pas soumise à l'Allemagne et qu'elle tend à prendre un caractère national. Les religieuses théodosiennes d'Ingenbohl, les religieuses de Sainte-Croix de Menzingen, la Société académique des missions et les associations internationales de Saint-Pierre-Claver, de Saint-Pierre-Apôtre et de l'Union missionnaire du clergé tendent à imprimer aux missions suisses un caractère national, on dirait presque nationaliste, dont elles avaient toujours été dépourvues jusqu'à présent « Voici, écrit en juin 1922 Mgr Bondolfi, dans le bulletin *Bethléem* d'Immensée voici que la Suisse reçoit une tâche grandiose, et dans les champs apostoliques bouleversés pendant la guerre, se voit attribuer sa charge d'âmes. »

Enfin, le gouvernement italien répudie la politique de Crispi dans les pays de missions ; il l'y trouve tout à la fois onéreuse et infructueuse. Décidé à remplacer dans les écoles royales à l'étranger (1) son personnel laïque par un personnel congréganiste, il s'est tourné avec une insistance spéciale vers les Frères et leur a demandé un personnel italien, auquel il offre d'extraordinaires avantages.

Écoutons ce qu'il offre :

1° Dispense de tout service militaire ;
2° Construction des bâtiments scolaires aux frais de l'État ;
3° Traitements permettant à chaque établissement de vivre sans exiger des élèves aucune rétribution ;
4° Voyage gratuit sur les paquebots italiens ;
5° Équivalence des certificats et diplômes.

Privilèges dont s'offenserait notre esprit d'égalité. Mais l'Italien, positif et pratique comme son ancêtre romain, lorsqu'il veut la fin n'hésite pas sur le choix des moyens. Il a constaté, comme le rappelait à la Chambre M. Étienne Flandin, lors de la séance mémorable du 18 mars 1904, qu'en Tunisie par exemple, les Italiens préfèrent une école catholique, fût-elle française, à une école laïque, fût-elle italienne. Il a fait siennes les réflexions de son consul, M. Carletti, dans le *Bollettino dell'emigrazione* (1903) : « La vérité est que les écoles tenues par les Sœurs et par les Frères exercent, dans les classes populaires, une attraction plus puissante que les écoles laïques. Ce n'est pas seulement à raison de l'enseignement religieux, car nos écoles laïques le donnent également, c'est à raison du plus grand prestige dont jouissent les curés et les ministres de la religion et de la plus grande

(1) A Alexandrie, notamment, où une école secondaire, une école commerciale, une école technique et une école élémentaire semi-gratuite coûtent actuellement au budget de l'État 900 000 lires par an.

influence qu'ils exercent auprès des gens du peuple. Ils s'occupent plus que nous des classes populaires, ils se tiennent plus en contact avec elles, ils en connaissent mieux la psychologie et, avouons-le franchement, ils font plus de bien que nous aux humbles et aux pauvres. » L'expérience faite, il en tire la conséquence et souffre sans peine que la théorie s'accommode mal de la pratique.

C'est tout un vaste plan d'action nationale par le moyen des missions qu'élabore à cette heure le gouvernement italien.

En Espagne, le réveil de l'activité missionnaire est frappant. En 1920, à Burgos, création du séminaire missionnaire pontifical et royal de Saint-François-Xavier, où les aspirants sont reçus gratuitement de douze à trente-cinq ans. L'année suivante, en 1921, création à Barcelone, sur le modèle de la Société des missions étrangères de Paris, d'un institut missionnaire pour la Chine qui compte déjà une dizaine d'élèves. Douze bourses ont été fondées moyennant un capital fourni par toutes les classes de la nation (1).

En Pologne, à Varsovie, s'est organisée, en 1921, sous le patronage du cardinal Dalbar, primat de Pologne, une société populaire pour les missions qui compte déjà près de 100 000 membres et qui vient de fonder un séminaire missionnaire près l'Université catholique de Lublin. Cette société, présidée par Mgr von Ropp, archevêque de Mohilew, et dont le sceau porte la double image des saints Cyrille et Méthode, apôtres des Slaves, semble

---

(1) Par les douze groupements suivants : ouvriers, commerce et industrie, clergé, armée et marine, barreau et corps enseignant, orphéons et artistes, congrégations mariales, associés de l'apostolat de la prière, tiers ordres, dévots à la Sainte Vierge, petits enfants, confrérie des âmes du purgatoire.

destinée surtout à promouvoir en Russie le catholicisme latin.

En Irlande, le célèbre séminaire de Maynooth, qui est, à peu près comme notre Saint-Sulpice, une école normale supérieure des sciences ecclésiastiques, s'est annexé, à la fin de la guerre, un institut de préparation aux missions en Chine. A peine constitué, cet institut a essaimé aux États-Unis et en Australie. Dès à présent, certains territoires lui ont été assignés par le Saint-Siège ; 32 prêtres missionnaires y exercent leur activité.

Aux Etats-Unis, le séminaire de Maryknoll, fondé vers 1900, est dès à présent en état d'assumer la charge d'une mission en Chine (1).

Au Canada, les évêques de la province de Québec viennent d'acheter un terrain à Pont-Vian, près de Montréal, pour y fonder un séminaire canadien des missions étrangères.

A cette immense floraison, la France, mère des missions et qui a longtemps fourni au monde les trois quarts des missionnaires catholiques, ne peut plus opposer (si je passe sous silence les associations dont l'activité s'exerce en marge et souvent à l'encontre de la loi) que quatre congrégations d'hommes dûment autorisées, chacune, entendez bien ceci, *pour un seul établissement :* les prêtres de la Mission ou Lazaristes, rue de Sèvres ; le Séminaire des missions étrangères, rue du Bac ; les prêtres du Saint-Esprit ou Spiritins, rue Lhomond ; et les prêtres de Saint-Sulpice ou Sulpiciens, à Issy (encore ces derniers ne sont-ils pas, à proprement parler, missionnaires). Les missions françaises, si puissantes autre-

----

(1) Une station de télégraphie sans fil le relie à ceux de Skranton, en Pennsylvanie, et d'Ossinink, dans l'État de New-York.

fois, languissent faute d'ouvriers, à l'heure où les champs défrichés par elles, au prix d'un si dur et si généreux labeur, verdoient et commencent à jaunir de l'immense moisson qu'elles ont préparée. Et c'est pourquoi, d'année en année, elles sont obligées ou de faire appel à des étrangers et par conséquent de se dénationaliser, ou de céder à d'autres des portions de plus en plus larges des territoires conquis par elles à l'influence de la France. Amis, neutres ou ennemis, tout ce que les autres gagnent, c'est sur la France qu'ils le gagnent, puisque la France était partout, puisque la France avait tout fait. Et le moyen de leur en faire grief? « Eh oui, disait en 1919 un illustre prélat étranger, nourri des plus pures traditions sulpiciennes et sincèrement dévoué à notre pays, je sais bien qu'il y a la France ! Mais vous conviendrez que, si tout moyen régulier d'expansion est refusé aux ordres français, non seulement rien ne nous interdit, mais la conscience nous ordonne de recueillir la succession. »

Telle est, messieurs, la situation actuelle : chez tous les peuples, un prodigieux effort, puissamment entretenu par leurs gouvernements ; en France, un expédient sublime et dérisoire des Frères. Ils nient leur vieillesse ! Des septuagénaires, à qui une longue et pénible carrière avait mérité le repos, restent en service. Je les ai vus, à cet âge extrême, tenant bon à leur poste parce qu'ils n'avaient pas de successeurs.

On comprend que l'efficacité de cet expédient s'atténuera d'année en année.

VI

CONCLUSION

La conclusion ! Inutile qu'elle soit longue ; les faits concluent d'eux-mêmes. Les congrégations dans le monde se vident de sujets français. Dès lors l'ajournement r'est plus possible. Il faut renoncer ou autoriser. Il faut renoncer à la force que nous donnent hors de France les missions, ou les autoriser à se recruter en France pour l'étranger. L'heure est venue d'être logique. Il faut sortir d'un système indéfendable et absurde, et se décider à reconnaître des hommes qu'on emploie, qu'on félicite et qu'on subventionne.

. Aujourd'hui, c'est des Frères que nous nous occupons. Leur édifice de France est ruiné, mais dans leur esprit subsistent l'idée du premier dessein et la marque de l'architecte. Ils veulent propager à l'étranger un enseignement dont un des caractères saisissants est d'être profondément français. A cet effet, ils ne demandent que ce que les lois en vigueur permettent de leur accorder. Ils nous disent :

« Nous avons créé en France non seulement l'enseignement primaire, mais tous les ordres d'enseignement qui n'ont pas pour objet la culture classique. Nous avons élevé les petits Français par centaines de mille ; nous avons formé, nous-mêmes, les premières générations des instituteurs laïques qui devaient prendre notre place... Vous avez révoqué le décret qui nous avait incorporés à l'Université. Soit ! Vous avez fermé nos écoles. Soit ! Sur ces faits, nous gardons le silence. Mais si nous ne vous demandons pas de modifier les lois, nous pouvons bien vous demander de les appliquer. L'Institut des Frères des écoles chrétiennes n'est plus : pourquoi refuseriez-vous d'accorder l'existence légale à l'Institut missionnaire des Frères des écoles chrétiennes qui, respectueux des dispositions de la loi de 1904, ne prétend pas enseigner en France, mais seulement poursuivre hors de France, en Europe et en Amérique, dans le Levant et en Extrême-Orient, sans acception de personnes, sans acception de religions, son œuvre traditionnelle d'éducation à la française?

« Si vous nous refusez les moyens de nous recruter en France, nous allons être submergés par le flot montant des vocations étrangères, et le fruit immense de notre labeur français passera à des nations rivales, qui déjà s'apprêtent et se réjouissent.

« Si vous nous donnez les moyens de nous recruter en France, notre Institut restera ce qu'il a toujours été, dans un sentiment filial d'attachement à la patrie, une manifestation de l'esprit français et une force d'expansion française. »

Ainsi parlent les Frères, et dans ce mot « une force d'expansion française à l'étranger », se résume tout le problème.

Votre Commission des affaires étrangères a examiné, du point de vue national, la force que représentent les Frères des écoles à l'étranger et elle s'est accordée dans son appréciation avec les gouvernements et les Parlements qui, d'année en année, ont subventionné les écoles des Frères hors de France ; elle a reconnu qu'ils constituent une force qui importe au prestige de la France, et, dans ces conditions, votre Commission vous propose de vouloir bien approuver de votre vote le texte proposé par le gouvernement.

TABLE DES MATIÈRES

PARIS. TYP. PLON-NOURRIT ET Cⁱᵉ, 8, RUE GARANCIÈRE. — 29418.